古诗原来可以这样学

明月来相照

新月篇

朱爱朝——

编著

人民文学出版社

图书在版编目（ＣＩＰ）数据

明月来相照：古诗原来可以这样学：全3册 / 朱爱
朝编著. -- 北京：人民文学出版社, 2023（2024.1重印）
ISBN 978-7-02-017927-5

Ⅰ. ①明… Ⅱ. ①朱… Ⅲ. ①古典诗歌－中国－小学
－教学参考资料 Ⅳ. ①G624.203

中国国家版本馆 CIP 数据核字 (2023) 第 069250 号

责任编辑　胡司棋　　孙玉虎
装帧设计　李苗苗

出版发行　人民文学出版社
社　　址　北京市朝内大街 166 号
邮　　编　100705

印　　刷　上海盛通时代印刷有限公司
经　　销　全国新华书店等

字　　数　215 千字
开　　本　889 毫米 ×1270 毫米　1/32
印　　张　17.5
版　　次　2023 年 6 月北京第 1 版
印　　次　2024 年 1 月第 2 次印刷

书　　号　978-7-02-017927-5
定　　价　178.00 元（全 3 册）

如有印装质量问题，请与本社图书销售中心调换。电话：010-65233595

　　这套书，给孩子讲的是小学语文课本里的古诗，共 103 首。

　　古诗的语言是优美的，也是跳跃的。诗歌中的空白，成年人可以依靠语言的积淀、知识的积累、生命的经历进行补充，对于孩子来说，却是难以跨越的鸿沟。那么我们可以为孩子架设怎样的桥梁？

　　诵读是大家常用的。诗来自远古年代的火堆边、田埂旁、旷野里和山水间的歌唱。古诗中的韵，像是音乐中反复出现的一个主音，把分散的声音贯穿起来，组成一个整体。所以，诗读起来朗朗上口。我们可以大声诵读或者低声吟咏，和孩子一起去感受诗歌的韵律，让诗的音乐自然流淌出来。诗人在写诗的时候，常常会根据自己的情感来选择相应的韵，所以在反复的诵读里，诗的门扉将慢慢开启。

　　诗意的疏通也是很有必要的。古诗的语言和今天的孩子是有距离的，诗意的疏通有助于消弭这种距离。今天很少用到的字词要讲，如"草满池塘水满陂"的"陂"，"蓬头稚子学垂纶"的"垂纶"；和现在的意思完全不一样的要讲，如"九州生气恃风雷"的"生气"，"却看妻子愁何在"的"妻子"；和神话传说有关的要讲，如"又疑瑶台镜"的"瑶台"是什么地方，"如今直上银河去，同到牵牛织女家"中有着怎样的故事。

可以给孩子讲讲诗人的故事，让诗回到诗人的生命脉络中，就像看到一片树叶在一棵树上的位置一样，以便更好地了解一首诗。孩子们会知道《马诗》的背后，有李贺满腹才华无法施展的凄苦；会了解王冕在《墨梅》中表达了怎样的心事。诗句中所有的生命感悟不是抽象的概念，而是有情境、有血肉的现实。让孩子在古诗里，感受李白"天生我材必有用"的自信，王维"坐看云起时"的沉静，杜甫"安得广厦千万间"的慈悲。

也可以说说和古诗相关的一段历史。"门泊东吴万里船"，是因为安史之乱已经平息，船只才能畅行万里；"四海无闲田"，为什么农夫还会饿死？李绅用诗歌对现实进行了怎样的批判？和孩子一起走进中唐的历史，了解沉重负担之下，农夫、蚕妇、卖炭老人的真实生活。在更开阔的历史背景下，孩子们将生发出自己的思考，与诗展开对话。

孩子们对于我们的文化，有着天然的渴望与亲近。我们可以和孩子一起去了解中国的文化——"青青园中葵，朝露待日晞"，芳华稍纵即逝，当及时奋勉努力；"鱼戏莲叶东，鱼戏莲叶西，鱼戏莲叶南，鱼戏莲叶北"，在回旋往复的歌唱里感受江南的美好，感悟劳动的欢乐。

给孩子讲诗，是试图找寻诗歌与孩子的关联，去看看江上的清风和山间的明月，感受美，储存美。我们对孩子有越多体察，就越能找到更多连接古诗与孩子的桥梁，用更具图景化的方式给孩子讲古诗。

这本书，还给孩子讲了和古诗相关的174个汉字。

在"书同文"之前，甲骨文和金文的汉字并没有唯一的形式，这本书用类似画画的形式展现出汉字的演变，而更深入的探究则等待感兴趣的孩子们日后进行。

古老的汉字，好像图画一样美丽，又像故事一样丰富。回到造字者最初的生活环境，用天真、开阔的眼睛看世界，用最简单的方式来表现事物最突出的特点。给孩子讲一个字从具象绘画到抽象文字的演变过程，是用艺术的方式带孩子去感受汉字，满足孩子对绘画的需求和对艺术的想象力。童年时期，平衡完整的身心发展，将为孩子的未来提供持续的力量。

"明月来相照"出自王维的《竹里馆》。用这句诗作为书名，是因为明月是中国诗歌的一个重要意象；还因为，我们期待孩子的生命里，有朗月相照，喜悦、宁静，充满爱。

目　录

一年级 上册

下册

一年级

下册　二年级

一年级

上册

咏鹅

[唐] 骆宾王

鹅，鹅，鹅，

曲项向天歌。

白毛浮绿水，

红掌拨清波。

骆宾王是唐朝很有才华的一位诗人。七岁的时候，骆宾王就写下了《咏鹅》。我们仿佛听到小小的他在不停地喊着："鹅，鹅，鹅。"三个"鹅"字里，满是欢喜。"曲项向天歌"，鹅伸长脖子，仰头向后弯曲，响亮地叫着。鹅大声歌唱的样子，多么自信，多么骄傲。

"白毛浮绿水，红掌拨清波。"它雪白的羽毛，漂在碧绿的水上；红色的脚掌，划动着水波。鹅安静地浮在水面，像画一样美丽；游动起来的时候，又是那么有力量。

骆宾王长大之后，担任过官职，提出过很多建议，但都不被采纳，反而不断被贬。他没有办法施展才华，决心不再做官。后来武则天当政，英国公徐敬业在扬州起兵讨伐武则天，骆宾王跟随他一起，并且写下著名的讨伐檄文。骆宾王的这篇文章，才华横溢、气势逼人，连武则天看过之后都说："宰相怎么会没有发现这样的人才呢？"

徐敬业最后兵败，下落不明。七岁时就写下《咏鹅》的骆宾王，想向天高歌的骆宾王，也不知道去了哪里。

说说"向"字：墙上有扇窗

甲骨文　　　金文　　　小篆　　　楷书

　　我们的汉字，最开始是用刀子刻在野兽骨头和龟的甲壳上的。兽骨和龟甲，合称为"甲骨"。所以，刻在甲骨上的汉字，就叫甲骨文。兽骨和龟甲是很硬的，用刀子在上面刻字，很不容易。商代青铜器上出现的文字，是金文。秦始皇的时候，给三千个常用的汉字规定了一种统一的写法。这些字的样子很美，我们今天在刻印章或者进行装饰的时候仍然会使用，这就是小篆。过了一段时间，人们创造了一种更加自由的字体——隶书，它是楷书的起点。从汉朝末年直到现在，楷书一直都是我们的标准字体。

甲骨文的"向"字，多像我们小朋友平时画的画。上面是屋顶，两边是墙壁，墙上开了一扇窗。

2 采莲的歌谣

jiāng nán
江 南

汉乐府

jiāng nán kě cǎi lián
江 南 可 采 莲，

lián yè hé tián tián
莲 叶 何 田 田。

yú xì lián yè jiān
鱼 戏 莲 叶 间。

yú xì lián yè dōng
鱼 戏 莲 叶 东，

yú xì lián yè xī
鱼 戏 莲 叶 西，

yú xì lián yè nán
鱼 戏 莲 叶 南，

yú xì lián yè běi
鱼 戏 莲 叶 北。

在民间，流传着很多歌谣。插秧的时候，人们在唱；收割的时候，也在唱。开心的时候，人们会高声地唱；遇到烦心的事情，就会忧伤地唱。

汉朝的时候，设有专门管理音乐的官署，官署中有一些人，会专门去采集民歌，这个机构就叫乐府。后来，乐府慢慢变成了这些民歌的代称。

《江南》，就是乐府诗中一首有趣的歌谣。

江南一带，池塘里大多种植着莲藕。青年男子和女子一边采莲，一边歌唱。一遍又一遍地唱啊，唱江南的美好，唱劳动时的快乐。绿色莲蓬里的白色莲子，是可以吃的。新鲜的莲子，有微微的甜味。

"江南可采莲"，是诗的第一句。这一句最前面的两个字"江南"，就成了诗的题目。这在古诗中是很常见的。

"江南可采莲，莲叶何田田。"江南又到了采莲的季节，碧绿的荷叶长得多么茂盛啊，挤挤挨挨的，一眼望不到边；"鱼戏莲叶间"，鱼儿在荷叶间游来游去；"鱼戏莲叶东，鱼戏莲叶西，鱼戏莲叶南，鱼戏莲叶北"。

大大的荷叶成了鱼儿游戏的舞台，鱼儿一会儿在东边，一会儿到了西面，一会儿在南，一会儿又在北，调皮又开心。

《江南》这首诗，后来还经常被用来表演。在表演的时候常常是一个人唱，好多人跟着这个人来唱，还加上了舞蹈动作。"鱼戏莲叶东，鱼戏莲叶西，鱼戏莲叶南，鱼戏莲叶北"，就是其他人跟着唱和跳的部分。最后的"北"字，在古时候发音很短，一群人在表演完之后，马上收住，就像我们在玩木头人的游戏一样，所有的人都定住了。摆出的这个造型，是最后的亮相，也表示表演的结束。

说说"南"字：乌龟的样子

| 甲骨文 | 金文 | 小篆 | 楷书 |

南，是一个表示方向的汉字，该怎样来表达呢？有一种说法是，人们发现住在洞里的乌龟，洞穴大多数朝向南面。于是，人们就想到了用乌龟的样子来表示向南的方向。古人造字，就像我们画画一样，会模仿一样东西本身的样子，把它画下来。甲骨文的"南"字，下面像龟甲壳的前半部分，甲壳上的条纹，也被认真地画了下来。

说说"北"字：背靠着背

| 甲骨文 | 金文 | 小篆 | 楷书 |

　　"北"和"背"在最开始的时候是同一个字。甲骨文的"北"字，一个人朝左，一个人向右，背靠着背。古时候皇帝面向南方、背对北方坐，他的后背所对的方向是北方，所以这个字有了"北面"的意思。到了后来，在"北"字下面加上"月"组成"背"，把"北"作为表示方向的字，这两个字就区别开来了。

3 把美永远留在纸上

huà
画

yuǎn kàn shān yǒu sè
远 看 山 有 色，

jìn tīng shuǐ wú shēng
近 听 水 无 声。

chūn qù huā hái zài
春 去 花 还 在，

rén lái niǎo bù jīng
人 来 鸟 不 惊。

中国画上，常常会留下一些空白的地方。画家会在画上盖一个朱红色的印章。人们喜欢在画的边上写诗，表达自己的心情，或者对画发表自己的看法。后来收藏画的人，也会在画上盖一个印章，好像在说："这幅画是我的啦。"所以，在中国古代，诗、画、印常常在一起出现。一幅画，画家、诗人、收藏者不断在空白的地方添加新内容，好像连续剧一样有趣。

《画》这首诗形象地写出了一幅山水花鸟图的特点。"远"和"近"，"有"和"无"，"去"和"来"，诗中这几组意思相反的词，让一幅画仿佛动了起来。"远看山有色"，远远地就看见了一座又一座青翠的山；"近听水无声"，走到近处，却听不到流水的声音；"春去花还在"，给花朵一个特写，春天已经走远，花朵还在枝头开放；"人来鸟不惊"，画上的小鸟，看到人来了，也没有扇动翅膀飞走。

青青的山、小溪流、花朵和小鸟，带我们进入一个美丽的世界。山中的树木会永远青翠，溪水会永远流向远方，花朵永远都在盛开，鸟儿不会害怕人来。原来用一幅画，就可以把大自然中的美永远留在纸上。

我们在读诗的时候看画，在欣赏画面的时候，也能够感受到文字带给我们的美。诗中有画，画中有诗，我们的中国画，有着不一样的美。

说说"有"字：手提一块肉

甲骨文　　金文　　小篆　　楷书

　　"有"字的下面，是一块肉。这块肉被横着切开了，上面是一道道肥肉和瘦肉相间的纹理。这块肉的上面，是一只手的样子。手提一块肉，就有吃的了。

说说"去"字：从一个地方走出去

甲骨文　　　　金文　　　　小篆　　　　楷书

一个人从一个地方走出来了，准备到另外一个地方去。甲骨文、金文和小篆的上面，都有一个"人"，你看到了吗？下面的部分，表示离开的这个地方。小篆的"去"字，把口子打开了，不过还是"离开"的意思。

4 汗水滴下来

mǐn nóng
悯农（其二）qí èr

[唐] 李绅

chú hé rì dāng wǔ
锄禾日当午，
hàn dī hé xià tǔ
汗滴禾下土。
shuí zhī pán zhōng cān
谁知盘中餐，
lì lì jiē xīn kǔ
粒粒皆辛苦。

在《江南》里，我们说到了乐府。汉朝乐府官署的官员把民间歌谣采集过来，进行加工。后来，乐府成为修改过的民间歌谣的代称。

李绅写这首诗的时间是在中唐。那个时候，老百姓要交各种税费，负担很重。种田的人辛苦一年，交了税以后，可能连饭都吃不上；养蚕的人穿不上用丝织的衣服。宫廷里的太监权力很大。他们在集市看上了什么东西，就用很低的价钱强买到宫里。

面对老百姓的苦和痛，诗人们有话要说。

李绅、白居易等人都是新乐府运动的倡导者。相比于汉乐府，新乐府主张自创新题，咏写时事，用简洁的语言反映现实生活。这些想有所作为的青年诗人，用大家很容易懂的语言来写老百姓生活的痛苦，委婉地进行劝说，希望给社会带来新风气。

李绅写了二十首"新乐府"，今天已经找不到了。《悯农》是李绅年轻时写的诗，有两首。我们读的这一篇用朴素的语言，写了农夫在火辣辣的太阳下劳动的辛苦，充满了对农夫的同情。

　　正午的时候，烈日烤着大地。农夫在田里为禾苗除去杂草，汗水滴落下来，掉在泥土里。盘中一粒一粒的米饭，都是农夫辛勤劳动换来的。可是，又有谁知道每一粒饭都来得不容易呢？

说说"禾"字：稻子成熟了

| 甲骨文 | 金文 | 小篆 | 楷书 |

禾苗成熟的时候，谷穗沉甸甸的，会向下垂。甲骨文、金文的"禾"字，就是成熟稻子的样子，有秆子，有根，有叶子，谷穗向下弯垂。

说说 "农" 字：田地里的耕种

甲骨文　　金文　　小篆　　楷书　　简化字

　　说到 "农" 字，你的眼前会出现怎样的画面？园子里种菜，水田里插秧，种下一棵小树，采下片片茶叶，养鸡、养鸭、放牛羊……

　　甲骨文里，"农" 下面的部分，是农具的样子。"农" 的本义是用农具清除田中的杂草，引申为耕种。在金文里，我们看到，人们已经开始了 "田" 里的耕种。到了小篆，"田" 的两边增加了两只手。开垦、播种、插秧、锄禾、收割，都需要双手。

勤劳的双手，可以创造出幸福的生活。

古朗月行（节选）

gǔ lǎng yuè xíng （jié xuǎn）

[唐] 李白

小时不识月，
xiǎo shí bù shí yuè

呼作白玉盘。
hū zuò bái yù pán

又疑瑶台镜，
yòu yí yáo tái jìng

飞在青云端。
fēi zài qīng yún duān

写月亮的童谣很多。"月亮走，我也走，我和月亮交朋友。""初一一条线，初二看得见，初三初四像蛾眉，十五十六圆又圆。"

写月亮的诗也很多，《古朗月行》是其中的一首。

"小时不识月，呼作白玉盘。"小的时候不认识月亮，就把它喊作白色的玉盘。我们仿佛看到一个孩子用手指着天上的明月，大声喊着："快看，快看，天上有个白玉盘。"月亮和玉盘之间，有很多相像的地方。月亮是圆圆的，玉盘也是圆圆的；月亮是晶莹的，玉盘也是有光亮的。月亮和玉盘，都带给我们美的感觉。

"又疑瑶台镜，飞在青云端。"月亮实在是太美了，孩子脑海中冒出了新想法，他怀疑是瑶台的仙镜，飞到了青云上面。瑶台，是传说中神仙居住的地方。仙人梳妆打扮用的镜子，在孩子的想象中，是最美最精致的。孩子觉得，只有瑶台镜，才能表达出他看到清亮亮的月亮时的感受。

说说"盘"字：盥盘

| 金文 | 小篆 | 楷书 | 简化字 |

　　金文的"盘"字，上面是"般"，下面是"皿"。"皿"是装东西的器具。"盘"的本义是古代的"盥器"，用青铜制作而成。"盥"，是洗手洗脸的意思。后来，盥盘大多是木头做的，所以到了小篆，下面变成了"木"字。

6 神奇的风

fēng
风

[唐] 李峤

jiě luò sān qiū yè
解 落 三 秋 叶 ，

néng kāi èr yuè huā
能 开 二 月 花 。

guò jiāng qiān chǐ làng
过 江 千 尺 浪 ，

rù zhú wàn gān xié
入 竹 万 竿 斜 。

这首诗里，没有一个"风"字，却写出了风的神奇力量。

"解落三秋叶"，秋风吹落了树叶。风声里，树叶和大树轻轻说着"再见"，因为它们不能帮助树木制造养料了。树叶在空中飘飘悠悠飞舞，慢慢落下。每一片落叶，都是大树请秋风当快递员，送给大地的一封信。

"能开二月花"，春风让各种颜色、各种形状的花朵，都开出了自己最美的样子。秋天过去，春天到来，风儿变得温柔，它摸摸小草的头，给柳树织出好看的绿辫子，带风筝到天空中去玩。

一、二两句诗，从秋风写到春风，说的是风在每个季节里都在。"解落三秋叶"在前面，"能开二月花"在后面，季节在变化，世界也变得更温暖、更美好，充满希望。

"过江千尺浪"，江上腾起了千尺高的大浪。风是大力士，对着江水使劲吹。

"入竹万竿斜"，风吹过竹林，竹子都倾斜下来。静静的竹林，跳起了轻柔的舞。

三、四两句诗，从江上的风写到地上的风，它能卷起

"千尺浪"，也能吹得"万竿斜"，风的力量多大啊。

陪伴落叶的，是风；与盛开的花分享喜悦的，是风；掀起巨浪的，是风；吹斜青翠竹林的，也是风。在一片叶、一枝花中见风，从一朵浪、一竿竹中见风。在风里，见到美丽的世界。

说说"开"字：双手拉开门闩

| 甲骨文 | 小篆 | 楷书 | 简化字 |

我们来看看"开"在《说文解字》中的样子。外面是两扇门，门下面是门闩。门闩，类似于门上的锁，把门闩上以后，外面的人就没有办法把门推开了。门闩下是一双举起来的手。双手拉开门闩，门就打开了。

说说"过"字：用脚走过去

| 金文 | 小篆 | 楷书 | 简化字 |

　　"过"字的金文，左边是"彳"，表示行动起来。右边的上面是一段骨架：横线代表骨头，竖线代表两端骨节粗大的地方，斜线表示把骨头连接起来。骨架的下面，是一只脚，表示用脚走过去。

一年级

下 册

春晓 (chūn xiǎo)

[唐] 孟浩然

chūn mián bù jué xiǎo
春 眠 不 觉 晓 ,

chù chù wén tí niǎo
处 处 闻 啼 鸟 。

yè lái fēng yǔ shēng
夜 来 风 雨 声 ,

huā luò zhī duō shǎo
花 落 知 多 少 。

宅在家里的春天,我常常在清晨听鸟儿歌唱。这只鸟儿的声音还没有落下,那只鸟儿的声音又响起来了。鸟儿仿佛要把攒了一个冬天的话,说给春天听。

千年前的孟浩然,也是在鸟儿的叫声中醒来的吧?

"春眠不觉晓",春天的早晨,不知不觉天就亮了。"不觉",让我们感受到诗人睡得香甜。

"处处闻啼鸟",到处都可以听到鸟儿的叫声。

"夜来风雨声",诗人回想起昨天晚上的阵阵风声和雨声。

"花落知多少",那些在春天绽放的花朵,不知被风吹落了多少,被雨打落了多少。

诗人听夜晚的风声、雨声,听清晨鸟儿的鸣叫,感受着春天的生机。他虽然在屋内,但鸟儿的叫声把他的心带到了屋外。诗人为花忧风雨,他为美丽的花儿担心着风雨对它们的伤害。诗人想象着,经过一夜的风雨,花儿随着风、和着雨,轻轻落在地上。"花落知多少"的"落"字,好像是诗人的一声叹息。

古诗都会押韵。小朋友们已经学习了拼音，知道拼音里面有韵母。押韵，就是把韵母相同或者是相近的字，有规律地放在每一句诗的最后。在这首诗里，第一句、第二句、第四句诗的最后一个字分别是"晓""鸟""少"，三个字的韵母都是"ao"。这三个押韵的字，都是第三声。发第三声的时候，我们的声音是先下去再上来，声音会特别婉转、柔和。婉转的声音里，传达出诗人对春天的喜爱，对鸟儿叫声的沉醉，对朵朵花儿的珍惜。

说说"鸟"字：画出小鸟的样子

甲骨文　金文　小篆　楷书　简化字

　　甲骨文、金文和小篆的"鸟"字，画出了小鸟的样子。金文里的"鸟"，头向上，翅膀和尾巴上装饰着小点，这些小点可能在强调羽毛的油亮。小篆里的"鸟"，把头抬得高高的。简化后的"鸟"字，上面的那一点，就像小鸟的眼睛。

说说"多"字：两块供肉

甲骨文　　金文　　小篆　　楷书

　　关于"多"字，有不同的说法。有人认为，它很像两个重叠的"夕"字。太阳落下去的时候，就叫"夕"。两个"夕"字，要表达的是一个傍晚过去，又一个傍晚来了，白天和黑夜的更替永远不会停止，这就是"多"的意思。还有人认为，甲骨文的"多"字，是两块供肉的样子。古时候，人们会在节日祭祀天地、神灵和祖先。祭祀的时候，要摆上供奉给神灵的供品。供品里就有肉。甲骨文的"多"

字，外面的边框勾出了肉的样子，这是两块长条形的肉。两块供肉，说明供品"多"。

zèng wāng lún
赠汪伦

［唐］李白

lǐ bái chéng zhōu jiāng yù xíng
李白乘舟将欲行，

hū wén àn shàng tà gē shēng
忽闻岸上踏歌声。

táo huā tán shuǐ shēn qiān chǐ
桃花潭水深千尺，

bù jí wāng lún sòng wǒ qíng
不及汪伦送我情。

"我们这里有十里桃花，万家酒店。"传说汪伦写信给李白，邀请李白来桃花潭玩一玩，喝喝酒。

李白到了以后，并没有看到"十里桃花""万家酒店"。汪伦说："桃花，说的是潭水的名字，这个潭叫桃花潭；取名万家酒店，是因为店主人姓万，只有这一家酒店，没有一万家酒店。"李白大笑，他知道汪伦是想用这样的方式吸引他来桃花潭。

在李白游桃花潭的日子里，汪伦常常酿出美酒来款待他。

李白特别爱喝酒。在花丛间摆上一壶酒，李白举起酒杯，邀上明月，加上自己的影子，就仿佛成了三个人。李白还为自己爱喝酒找出了理由。他说，天如果不爱喝酒，那酒星就不会在天上。地如果不爱喝酒，那就不会有"酒泉"这个地名。既然天地都爱喝酒，那我们爱喝酒就不会愧对天地了。

李白被汪伦请他来桃花潭喝酒的情谊所打动，对这份友情格外珍惜。但分别的日子，还是来了。

"李白乘舟将欲行"，李白乘坐小船刚要离开；"忽闻岸上踏歌声"，忽然听到河岸上传来踏歌声，一群人唱着送别的歌，用脚踏出节拍。"桃花潭水深千尺，不及汪伦送我情。"桃花潭水有千尺那么深，也比不上汪伦送我的情谊深。浪漫的李白，夸张地写桃花潭水有千尺深，是为了衬托出汪伦深深的情谊。

说说"乘"字：人爬上了高高的树

| 甲骨文 | 金文 | 小篆 | 楷书 |

甲骨文的"乘"字，是一个人爬上了高高的树，向远处望去。小篆的"乘"字，特别把两只脚踏在树枝上的样子表现了出来。

说说"舟"字：一条小船

| 甲骨文 | 金文 | 小篆 | 楷书 |

甲骨文的"舟"字，是一条小船的样子，两边是船舷，中间是隔开的船舱。

9 望不见的故乡

jìng yè sī
静夜思

[唐]李白

chuáng qián míng yuè guāng
床 前 明 月 光，

yí shì dì shàng shuāng
疑 是 地 上 霜。

jǔ tóu wàng míng yuè
举 头 望 明 月，

dī tóu sī gù xiāng
低 头 思 故 乡。

《静夜思》是我们中国人很熟悉的一首诗。

"床前明月光，疑是地上霜。"洒落在床前的月光，好像是秋天白色的霜。诗人离开故乡，一个人在外。夜深了，还难以入睡。像秋霜一样的月光，更让诗人觉得孤单。

"举头望明月，低头思故乡。"诗人抬头仰望天上的明月，低头思念起故乡。古时候交通不方便，离开家乡以后，常常像是断了线的风筝，没有办法知道故乡和亲人的消息。这时正是秋天，是收获的季节，也是古人团圆的季节，可是诗人却只能在远离故乡的地方，在寂静的深夜，抬头望着天上的明月，低下头来默默思念着故乡。

第一句、第二句、第四句的最后一个字分别是"光""霜""乡"，这三个字的韵母都是"ang"。从床前的月光到天上的明月，再由明月想到遥远的故乡，空间在不断扩大。望得到的是明月，望不见的是故乡，故乡比月亮还要遥远啊，让诗人怎能不忧伤？

说说"举"字：用手托起

| 甲骨文 | 金文 | 小篆 | 楷书 | 简化字 |

　　甲骨文、金文和小篆的"举"字里，都可以看到手的样子，表示用手将物品向上托起。"举"的本义是"举起""抬起"。

寻隐者不遇
xún yǐn zhě bú yù

[唐] 贾岛

sōng xià wèn tóng zǐ
松下问童子，

yán shī cǎi yào qù
言师采药去。

zhǐ zài cǐ shān zhōng
只在此山中，

yún shēn bù zhī chù
云深不知处。

写诗，是贾岛生活里特别重要的事。一天不写诗，他就觉得自己的心像没有水的废井一样，要长出荒草来。为了写好几句诗，贾岛要苦苦地想好多年。当诗句终于吟出来的时候，贾岛的泪水也流了下来。

贾岛会为诗中的一个字，想很久很久。用"僧敲月下门"，还是用"僧推月下门"？贾岛在驴背上一边吟诵，一边用手做出"推"和"敲"的动作，不知该用哪个字更好。这时，京兆尹韩愈的车队迎面而来。京，是京城，也就是我们今天说的首都。京兆尹，类似于首都的市长。贾岛口中念着诗句，手上比比画画的时候，撞上了韩愈的车队。韩愈知道原因后，并没有责怪他。韩愈对贾岛说："敲门所发出的声音，更能表现出月夜的安静，也暗示出拜访友人幽居的礼貌。用'敲'字更好。"

贾岛的诗对后代的诗人影响很深，晚唐的诗人一些人学张籍，一些人学贾岛。唐朝有个叫李洞的人，甚至还铸造了贾岛的铜像，像对待神一样祭拜他。到明代和清代，贾岛的诗都很受诗人重视。

《寻隐者不遇》这首诗写了贾岛和童子之间的对话。这首诗省略了贾岛的提问，直接写童子的回答。通过童子的回答，我们可以猜测出贾岛问的问题。

　　贾岛站在松树下问童子："你的师父去哪里了？"

　　童子回答说："师父采药去了。"

　　"他到哪里去采药了？"

　　"他到山里去采药了。"

　　"他是在山前采药，还是在山后？是在山脚，还是在山顶？"

　　童子说："我不知道师父具体去了哪里，只知道他去了云彩深处的山中。"

　　贾岛与童子的一问一答都在一棵松树下。由师父采药引出一座山，让我们感受到隐者的行踪不定，不知道他去了哪里。"松下""童子""山中""云深"，让我们的脑海里浮现出一幅古老又雅致的图画，感受到隐者超出一般人的高洁和风骨。

说说"言"字：说话

甲骨文　　　金文　　　小篆　　　楷书

　　甲骨文、金文、小篆和楷书的"言"字，下面都有"口"。"言"是说话的意思。在汉字里，和说话有关的字，大多用"言"（"讠"）来作为偏旁，如"说""议""话""评"等。

chí shàng
池上

[唐] 白居易

xiǎo wá chēng xiǎo tǐng
小 娃 撑 小 艇 ，

tōu cǎi bái lián huí
偷 采 白 莲 回 。

bù jiě cáng zōng jì
不 解 藏 踪 迹 ，

fú píng yí dào kāi
浮 萍 一 道 开 。

"小娃撑小艇"，小小的孩子撑着小小的船。"撑"字，让我们感觉到小娃撑船的时候，用了好大的力气。

"偷采白莲回"，白莲的花秆上有刺，要采下来不容易，更何况是孩子呢。小娃竟然采回了白莲，"回"字里，藏着小娃的得意。

"不解藏踪迹"，孩子不懂得隐藏自己的踪迹，大摇大摆划着小船回来了。

"浮萍一道开"，一池的绿色浮萍，因为划动的小船，突然一下散开了。

这首诗充满了对淘气的小孩子的怜爱。"小""娃""采""白""莲""藏""道""开"，这些字的韵母里都有"a"，声音响亮开阔。

在那个夏天，在满池的浮萍、满池的白莲前，白居易的心情应该像夏天一样晴朗吧。他用轻松的笔调，写下了童年的欢乐。

说说"一"字：从"一"数起

甲骨文　　　金文　　　小篆　　　楷书

　　"一"字的这一横，好像是用来数数的木棒，也好像是伸出一根指头，数着"一"。

说说 "上"字：地面之上

甲骨文　　　金文　　　小篆　　　楷书

　　甲骨文和金文的"上"字，很像"二"字。下面的一长横代表地面，上面的一短横，表示地面之上。到了小篆，为了和"二"字进行区别，就在短横旁加上了垂直的竖线，并进行了美化。

12 生意盎然

xiǎo chí
小池

[宋]杨万里

quán yǎn wú shēng xī xì liú
泉眼无声惜细流，

shù yīn zhào shuǐ ài qíng róu
树阴照水爱晴柔。

xiǎo hé cái lù jiān jiān jiǎo
小荷才露尖尖角，

zǎo yǒu qīng tíng lì shàng tóu
早有蜻蜓立上头。

一颗心，要端正诚恳，这是杨万里最看重的。所以他自号诚斋，他住的地方也取名为诚斋，诗集叫《诚斋集》。宋光宗还亲自写了"诚斋"两个字，赐给杨万里。

杨万里很谦虚。他写诗最开始是向江西诗派学习。江西诗派觉得非要写出惊人的文字，才算是好诗。后来，杨万里学王安石写诗，再向唐朝人学习写诗。到了五十五岁的时候，杨万里开始勇敢地表达自己，形成了独特的风格。

杨万里很勤奋。他一生写了两万多首诗，现在留下来的有四千多首。他写诗很快，不管是长诗还是短诗，都可以做到一个字也不用改。

《小池》这首诗从身边的景物中寻找素材，充满了趣味。"泉眼无声惜细流"，泉水的出口静静流出细小的水流。流水虽然细小，但是一天一天累积起来，就有了一池的水。有活水不停地流淌，才有了小池边的绿树成荫，有了小池里的小荷，让小池充满生机。"树阴照水爱晴柔"，池水像一面镜子，照出池边树木的影子，让晴朗天空下的小池一片阴凉。"小荷才露尖尖角，早有蜻蜓立上头"，池中的小荷刚把它含苞欲放的尖角露出水面，就有蜻蜓立在了上面。"才露"和"早有"，好像一个摄影师很快按下快门，捕捉住稍稍不注意就会消失的瞬间。

杨万里从普通的小池塘里找到诗意，小池中的泉眼、细流、树阴、小荷、蜻蜓，组成了一幅美丽的图画。

说说"角"字：一只牛角

| 甲骨文 | 金文 | 小篆 | 楷书 |

甲骨文和金文的"角"，都是一只牛角的样子。外面的线条，画出的是牛角的轮廓，里面的线条，表现的是牛角上的纹路。在《小池》里，"角"说的是小荷花苞的尖尖角。

说说"早"字：太阳升起来了

| 甲骨文 | 金文 | 小篆 | 楷书 |

甲骨文的"早"字，用横线来代表地面，太阳在地面之上，表示到了早晨，太阳就升起来了。

13 雄鸡一叫天亮啦

画鸡
huà jī

[明]唐寅

tóu shàng hóng guān bú yòng cái
头上红冠不用裁，

mǎn shēn xuě bái zǒu jiāng lái
满身雪白走将来。

píng shēng bù gǎn qīng yán yǔ
平生不敢轻言语，

yí jiào qiān mén wàn hù kāi
一叫千门万户开。

"头上红冠不用裁"，挺立在头顶的鸡冠，像火一样红。红冠不用裁剪，标志着雄鸡的高贵是与生俱来的。

　　"满身雪白走将来"，雄鸡的羽毛没有掺杂其他颜色，像雪一样洁白和纯净。"满身雪白"，让我们感受到雄鸡的内心像冰雪一样高洁。"走将来"，让我们仿佛看到雄鸡踏着沉稳有力的步伐，自信地走来。

　　"平生不敢轻言语"，雄鸡平时是不会轻易啼鸣的，就像是一位对自己要求严格，不随便说话的人。

　　"一叫千门万户开"，破晓时分的一声啼鸣，好像在说："天亮啦，天亮啦。"家家户户把门打开，开始了一天的劳作。

　　传说，扶桑山上有玉鸡。玉鸡一叫，金鸡会跟着叫；金鸡叫，石鸡也开始叫；石鸡叫，天下的鸡就都叫起来了。还有人说，东南的桃都山上有棵大树，树上有只天鸡。太阳刚刚升起的时候，阳光照到树上，天鸡就会鸣叫，然后天下的鸡也会叫起来。

　　古时候的人称赞鸡有五种美好的品德：文、武、勇、仁、信。

孔子的学生子路说，即使面对死亡，君子也不能不顾礼法，要把自己的帽子戴得端端正正的。冠，就是帽子，在古代象征着礼仪和身份。雄鸡有红色的冠，仪态大方，这是古人所说的"文德"。

雄鸡的腿上有一个突出的地方，叫作"距"，在争斗的时候可以作为武器。雄鸡勇猛好斗，有武德和勇德。

鸡在找到食物后，不会只顾着自己吃饱，总是呼唤其他鸡一起来啄食，关爱同伴，有仁德。

雄鸡每天鸣叫，报告早晨的到来，三百六十五天，天天都很准时，是信德。雄鸡报晓，是有科学原理的。黑夜到来的时候，雄鸡大脑里的松果体会分泌出褪黑素，让它不再歌唱；当光线照到眼睛，褪黑素的分泌被抑制，雄鸡就会开始啼叫，告诉大家天亮了。

这首诗写的是雄鸡，让我们感受到的，是领导天下的气魄。

说说"鸡"字："喔喔"叫的大公鸡

| 甲骨文 | 金文 | 小篆 | 楷书 | 简化字 |

　　甲骨文的"鸡"字，左边是"奚"。"奚"和"鸡"的音很相近，这一部分表示这个字的读音。右边是"鸟"，起着表达意思的作用。金文"鸡"字，鸡的头朝向左边，它的样子和"凤"很像，可能鸡曾经被看成神圣的鸟儿。小篆的"鸡"字，左边是"奚"，右边换成了"隹"。"隹"，是一种短尾巴的鸟。

说说"身"字：腹部在这里

甲骨文　　　金文　　　小篆　　　楷书

　　甲骨文的"身"字，是一个人的侧面，中间鼓起来的部分表示肚子。"身"的本义是"腹部"。到了金文，在腹部上加了一点，好像在说："腹部在这里。"

二年级

上册

14 生命的姿态

méi huā
梅 花

［宋］王安石

qiáng jiǎo shù zhī méi
墙 角 数 枝 梅，

líng hán dú zì kāi
凌 寒 独 自 开 。

yáo zhī bú shì xuě
遥 知 不 是 雪，

wèi yǒu àn xiāng lái
为 有 暗 香 来 。

"墙角"很小很窄，"数枝梅"不能充分地伸展开来。"凌寒独自开"，说明梅花开得早。其他花还没有开放，梅花已经开了。"遥知不是雪"，远远望去，梅花像雪，但不是雪。这一句悄悄地告诉我们，梅花的颜色是白色的。白色的梅花，给人孤高的感觉。尽管是在墙角，尽管风寒雪冷，但梅花仍在骄傲地开放。"为有暗香来"，为什么远远望去就知道是梅花不是雪呢？是因为梅花传来的阵阵香气啊。

虽然处在墙角，虽然身陷严寒，但永远昂扬，永远勇敢地面对生命中的艰难与困苦。这是梅花的生命姿态，也是王安石这个时候的生命姿态。怀着改革理想的王安石，已经是第二次被罢免宰相职务，处境艰难，内心孤独。王安石用梅花诉说着自己的心事。

梅花常常出现在诗人的笔下。

"梅雪争春未肯降，骚人阁笔费评章。梅须逊雪三分白，雪却输梅一段香。"卢钺的《雪梅》表现了梅花的清香。

"南枝才放两三花，雪里吟香弄粉些。淡淡著烟浓著月，深深笼水浅笼沙。"白玉蟾在月下看早春的梅花，有朦胧的美。

"君自故乡来，应知故乡事。来日绮窗前，寒梅著花未？"身在他乡的王维，挂念着故乡窗前的那一树梅花。

梅花不怕严寒，傲然独放。在古代的诗歌中，梅花常常代表在最艰难的环境中，依然能够保持高洁品格的人。

说说"自"字：指指鼻子

甲骨文　　　金文　　　小篆　　　楷书

　　人们在表示"自己"的意思时，常常会用手指着自己的鼻子。所以，就用鼻子的样子创造出了"自"字。甲骨文的"自"，两边弯曲的线条表示鼻子和鼻孔，上面的两横代表鼻梁上的横纹。

说说 "香" 字：谷物的香味

甲骨文 金文 小篆 楷书

  我们用鼻子来闻气味，但是怎么用文字来表达呢？甲骨文和金文的"香"字，上面是谷物的样子。谷物成熟了，有一种特有的清香。闻闻谷物的清香，有收获的满足，也有即将吃到用谷物做成的美味食品的喜悦。

xiǎo ér chuí diào
小 儿 垂 钓

〔唐〕胡令能

péng tóu zhì zǐ xué chuí lún
蓬 头 稚 子 学 垂 纶,

cè zuò méi tái cǎo yìng shēn
侧 坐 莓 苔 草 映 身。

lù rén jiè wèn yáo zhāo shǒu
路 人 借 问 遥 招 手,

pà dé yú jīng bú yìng rén
怕 得 鱼 惊 不 应 人。

"起床啦，起床啦。"妈妈的声音，仿佛来自好远好远的天边。

孩子翻一个身，还想把刚才的梦给接上。

"快点，快点，快迟到啦。"

每天早上，你是不是觉得起床好难好难？

有一个孩子，也不用谁去叫醒他，天一亮，他就起床了。

到池塘边，钓鱼去啰。

乱蓬蓬的头发，哪顾得上梳理。先去菜地里找几条蚯蚓。用锄头把泥土刨开，翻动几下，细长的蚯蚓惊慌地往松动的泥土里钻。孩子已经伸出手来，抓住了它。蚯蚓扭动着滑溜溜的身体，想挣脱他的小手，但很快就掉入了装蚯蚓的小罐子里。孩子用沾着泥巴的手，把另一条蚯蚓抓起来，丢进去。五六条蚯蚓在陶罐里扭着"几"字舞，不知道该怎么办才好。

蚯蚓将成为钓鱼的诱饵，来引鱼儿上钩。

还得准备一个钓钩。孩子把妈妈缝衣服的针小心锤打，想弯成一个小钩。呀，手被针尖刺了一下。把手指放在口里含一下，再慢慢锤。鱼钩终于做好了，手指已经被刺了好几下，孩子甩甩手，赶紧到后山去砍竹子。把竹枝削掉，竹竿细又长。

鱼钩上穿一根线，缠到竹竿上，一根钓竿就做好了。掐一截芦苇秆，用线系起来，就成了鱼漂。

孩子来到池塘边，放下装蚯蚓的小陶罐。看着使劲扭动身体的蚯蚓，他忽然有些不忍心把它们作为钓饵了。把陶罐里的蚯蚓倒出来，让它们重归自由吧。他学着爸爸的样子，把草鱼最喜欢吃的嫩草，钩在鱼钩上。

钓钩慢慢沉入水里。孩子把没在野草中的身子往后挪，不让自己的影子映在池塘里。鱼儿太聪明了，看到人的影子就会逃开。

孩子闭上嘴巴，不说话也不唱歌，安安静静地慢慢等。

风儿吹过来，问平时见到石头都要说上几句话的他，今天怎么不搭理它；狗尾草弯一弯毛茸茸的头，挠一挠他，他却只是抓着钓竿，盯着水面，完全没有感觉到。

风儿不说话，草儿也不挠他了。池塘边啊，静悄悄。

池塘边蜿蜒的小路，一条通北面，一条往东面。路人站在岔道口，不知道该往哪里走。一看池塘边，蓬头的小孩正在学钓鱼，侧坐着，野草几乎淹没了他的身体。路人问路的声音突然响起，孩子远远地朝路人招手，让他别说话。

不能搭话，不能搭话，鱼儿就要被吓跑啦。

很多很多年前，池塘边垂钓的蓬头小孩，在告诉今天的爸爸妈妈，最好的起床铃，原来是孩子热爱的事情啊。

让孩子去做自己喜欢的事，一骨碌就起床啦。

说说 "垂" 字：枝叶往下垂

小篆　　　　楷书

"垂"字的形状，就像枝叶垂到地面的样子。

登鹳雀楼

[唐] 王之涣

白日依山尽，

黄河入海流。

欲穷千里目，

更上一层楼。

红着脸的太阳，在西边的天空慢慢往下落。太阳用柔和的光抱抱沉默的山，藏到了群山身后。

黄河不分白天黑夜地赶路，从来不知疲倦，一路奔腾，只为去赴大海的约会。它滚滚南来，又折往东面，流向大海。

鹳雀楼建在黄河岸边的高处。这座外观三层的楼阁，立在高高的城墙上。在高高的鹳雀楼上，王之涣的视线可以投向很远的地方。太阳落山时的壮阔，黄河入海时的磅礴，撞击着诗人的心。太阳下山，这一天就过去了，时间一去不回。当太阳再次升起的时候，已经是新的一天。黄河滚滚东流，滔滔入海，同样是一去不再回来。"白日依山尽，黄河入海流。"诗人仿佛在叹息，谁能让时间重来，又有谁有力量让流入大海的黄河再回来呢？

天色渐渐昏暗，登上鹳雀楼远望的诗人，视线慢慢模糊。他想再看看太阳，也想再看看黄河。他想看看千里之外的远方，就得再上一层楼。

说说"依"字：依靠衣服来取暖

甲骨文　　　　小篆　　　　楷书

　　甲骨文的"依"字，大大的衣服里，包裹着一个人，表示人是依靠衣服来遮蔽身体和取暖的。最开始，人们用树叶或动物的皮毛来御寒，到后来才学会织布做衣服。到了小篆，"人"在左，"衣"在右。"依"的本义是"依靠"。"白日依山尽"的"依"，是"傍着"的意思。

说说"楼"字：多层的屋子

小篆　　　　　楷书　　　　　简化字

　　"更上一层楼"的"楼"，右边的"娄"字表音。多
层的高高的屋子，就称为"楼"。

望庐山瀑布
wàng lú shān pù bù

[唐] 李白

日照香炉生紫烟，
rì zhào xiāng lú shēng zǐ yān

遥看瀑布挂前川。
yáo kàn pù bù guà qián chuān

飞流直下三千尺，
fēi liú zhí xià sān qiān chǐ

疑是银河落九天。
yí shì yín hé luò jiǔ tiān

太阳照耀下的香炉峰，袅袅的紫色烟雾，慢慢升起。远远看去，瀑布像长河悬挂在山的前面。仿佛三千尺高的水流直冲而下，难道是银河从天的最高处落入了山崖间？

读着《望庐山瀑布》，我们仿佛看到瀑布在绝壁上陡然飞落，听到瀑流接触地面时的轰然巨响。

让我们看看诗句的最后三个字，第一句是"生紫烟"，第二句是"挂前川"，第四句是"落九天"。"生紫烟"，瀑布飞落时有紫色的烟雾缭绕，是力量和柔美的融合；"挂前川"，山的青与水的白，是色彩的融合；"落九天"，是想象和现实的融合，诗人由眼前看到的景象，联想到瀑布似乎从天的最高处落下来。"生""挂""落"，让静止的文字有了瀑布的汹涌。

第三句的最后三个字是"三千尺"，与第一句、第二句、第四句最后三个字的结构不同，避免了节奏完全一样带来的单调。节奏的变化中，第三句在诗中突显出来，"飞流直下三千尺"的气势直逼眼前。

这是一个自由的生命，面对自然中另一个自由的生命时的感动。我们的视觉与听觉，被诗歌带到山川之中、瀑布之前，与诗人一起，惊叹再惊叹。

说说"直"字：直视前方

甲骨文　　　金文　　　小篆　　　楷书

　　甲骨文和金文的"直"字，是一只眼睛直视前方，眼睛上面的一竖，强调眼睛是笔直向前看的。

说说 "九" 字：一个神圣的数字

甲骨文   金文   小篆   楷书

　　甲骨文的"九"像手臂的形状，"九"的本义是"肘"。到了后来，本义消失了，被借用过来表示数字"九"。"九"在古代是个神圣的数字，"九天"是天的最高层。

18 孤舟蓑笠翁

jiāng xuě
江雪

［唐］柳宗元

qiān shān niǎo fēi jué
千山鸟飞绝，

wàn jìng rén zōng miè
万径人踪灭。

gū zhōu suō lì wēng
孤舟蓑笠翁，

dú diào hán jiāng xuě
独钓寒江雪。

"千山鸟飞绝，万径人踪灭。"山上铺满雪，地上也铺满雪，寒冷的天气让天空不再有鸟儿飞翔，让地面不再有人行走的踪迹。

"孤舟蓑笠翁，独钓寒江雪。"画面慢慢移近，定格在孤舟上的老翁。他穿着蓑衣、戴着斗笠，正在独自垂钓。"千山""万径"，广阔背景下的一小船、一老翁，因为"鸟飞绝""人踪灭"所呈现的寂静，因为严寒与冰雪的包围，显得更加孤独。

一尘不染的寂静冰雪世界里，只有一个不怕天寒与地冻的蓑笠翁，在江上垂钓。身披蓑衣、头戴斗笠的老翁，孤独中有远离世俗、超然于万物之外的高洁。

这是柳宗元被人攻击、诽谤，两次降职后写下的诗。他被派到离京城很远的永州。唐宪宗刚开始当上皇帝时，免除了很多人的罪行，给了很多降职的大臣重新开始的机会，但柳宗元不在赦免的行列，这让他更加悲伤和愤怒。流放永州的十年，是他承受巨大打击的十年。他写下《江雪》，来表达自己的内心。

韩愈说，如果柳宗元不是被贬永州，被穷困和艰难中激发出巨大的生命能量，他的文字可能不会在后世流传。柳宗元被贬永州，于他的人生是不幸的，但在偏僻的永州，他专心读书写作，发挥出了巨大的创作才华。

说说"人"字：一个侧立的人

甲骨文　　　金文　　　小篆　　　楷书

甲骨文、金文和小篆的"人"字，都是一个向左站立的人。

夜宿山寺
yè sù shān sì

[唐]李白

危楼高百尺，
wēi lóu gāo bǎi chǐ

手可摘星辰。
shǒu kě zhāi xīng chén

不敢高声语，
bù gǎn gāo shēng yǔ

恐惊天上人。
kǒng jīng tiān shàng rén

细细弯弯的新月，挂在天空。星星，慢慢睁开了眼睛。高山上的寺庙，在黑夜里越发寂静了。走过大殿，穿过竹林，在清凉的风里，诗人沿着曲曲折折的小路，来到了高高的阁楼前。阁楼静默无声，没有人说法，也没有人讲经。诗人仰起头来，也只能看到楼的飞檐翘角，却难以看到楼顶。

　　推开阁楼的门，只有卷卷经书在等待诗人的到来。而他今夜不读经书，只想登上楼的最高层，离天更近。站在最高处，一伸手，好像就可以摘到天上的星星。风声"呼呼"，树叶"沙沙"，诗人不敢高声说话，他怕自己的声音传到天上，惊扰了天上的仙人。

　　"危楼高百尺"，"危"是"高"的意思，李白在反复强调，这座楼真高啊！再加上夸张的"百尺"，写出了山寺高耸入云的非凡气势。

　　"手可摘星辰"，用一个只有梦里才会出现的动作，用像孩子一样的想象，再写山寺的高，高到都可以摘到星星了。

"不敢高声语，恐惊天上人。"李白觉得自己和天上的仙人离得太近了，他像孩子一样，可爱到仿佛他一高声说话，就会打扰到天上的仙人。这是神来之笔，再一次让我们感受到山寺的寂静和高耸。

说说"危"字：从山崖上往下看

小篆　　　　　楷书

　　小篆的"危"字中，"厂"代表高高的山崖。在山崖的上面，有人正往下看。山崖实在太高了，他很害怕，于是就跪着往下看。他看着山崖的下面，仿佛在说："好危险啊！""危"除了表示"危险"，还有"高耸"的意思。"危楼高百尺"的"危"，就含有此意。

说说"恐"字：一颗有些害怕的心

| 金文 | 小篆 | 楷书 | 简化字 |

　　远古的年代，巫师敬拜神灵的时候，内心是虔诚恭敬的，但也会有一些害怕。所以，在"恐"字里有一个"心"字。后来，"恐"字泛指各种恐惧、害怕。

敕勒歌
chì lè gē

北朝民歌

敕勒川，阴山下，
chì lè chuān　　yīn shān xià

天似穹庐，笼盖四野。
tiān sì qióng lú　　lǒng gài sì yě

天苍苍，野茫茫，
tiān cāng cāng　　yě máng máng

风吹草低见牛羊。
fēng chuī cǎo dī xiàn niú yáng

南朝，是指宋、齐、梁、陈四朝，它们都在中国南方建立国家，都城都在建康，也就是现在的南京。北朝包括北魏、东魏、西魏、北齐、北周五朝，它们建国在中国北方。

民歌，是流传在民间的歌谣，是大众都非常喜爱的，就像我们今天所讲的山歌、流行歌曲。南北朝的民歌，最开始都来自天地间耕种的农夫，后来经过文人润色再加上管弦伴奏，成为乐府民歌流传下来。

南朝的民歌和北朝的民歌，味道完全不同。南朝民歌是温柔细腻的浪漫歌曲，北朝民歌是豪放的边塞牧歌。

《敕勒歌》是北朝民歌中很著名的一首诗。"敕勒"是一个种族的名称，大概是属于比较大的种族下的一个小部落的名称。敕勒川在哪里，已经不可考了。从这首民歌来看，敕勒川的大平原，在阴山脚下。阴山，是在内蒙古自治区及河北省北部的一条东西走向的山脉。穹庐，就是蒙古包。

这首民歌全部从视觉的印象来着眼，将所看到的景象描绘下来。北方的苍凉开阔，像图画一样被呈现出来。

敕勒川的大平原啊，在阴山脚下。天空好像是蒙古包啊，笼盖住了四面八方。天空辽阔，原野茫茫。风吹来，草低伏啊，草丛中的牛和羊，时隐又时现。

说说"野"字：郊外

| 甲骨文 | 金文 | 小篆 | 楷书 |

"野"的本义是"郊外"。甲骨文和金文的"野"字，有土也有山林。到了小篆，左边的部分表示郊外有"田"也有"土"，右边的"予"表达读音，"予"和"野"的古音相近。

二年级

下 册

21 春天不是读书天

村居 (cūn jū)

[清] 高鼎

草长莺飞二月天，
(cǎo zhǎng yīng fēi èr yuè tiān)

拂堤杨柳醉春烟。
(fú dī yáng liǔ zuì chūn yān)

儿童散学归来早，
(ér tóng sàn xué guī lái zǎo)

忙趁东风放纸鸢。
(máng chèn dōng fēng fàng zhǐ yuān)

早春二月，草儿生长，鸟儿欢快地飞翔。杨柳长长的绿色枝条，轻轻地抚摸着堤岸。池塘和草木蒸发的水汽，薄得好像烟雾。孩子们放学以后就忙着跑回家，在东风里放风筝。

春天，真是美好的季节。草长莺飞，杨柳拂堤，孩子们在放风筝，让我们感受到无限的活力。

在温暖的春天，让我们一起去亲近大自然吧。

春天不是读书天：关在堂前，闷短寿缘！

春天不是读书天：掀开被帘，投奔自然。

春天不是读书天：鸟语树尖，花笑西园。

春天不是读书天：宁梦蝴蝶，与花同眠。

春天不是读书天：放个纸鸢，飞上半天。

春天不是读书天：舞雩风前，恍若神仙。

春天不是读书天：放牛塘边，赤脚种田。

春天不是读书天：工罢游园，苦中有甜。

春天不是读书天：之乎者也，太讨人嫌！

春天不是读书天：书里流连，非呆即癫。

春天！春天！春天！什么天？不是读书天！

　　这是陶行知先生创作的一首童谣，名叫《春天不是读书天》。春天里放个风筝，在风中舞蹈，在塘边放牛，赤脚去种田，去公园游玩，开开心心，快乐无边。大自然里的玩耍和劳动，是另一种学习的方式。

说说"学"字：孩子们学习的地方

| 甲骨文 | 金文 | 小篆 | 楷书 | 简化字 |

　　甲骨文的"学"字，上面好像是两只手在摆弄着筹子进行计数。筹子是古代计算用具，用竹子做成。下面是房子的样子，是学习的地方。金文的"学"字，在房子里面添上了"子"字，表示这里是孩子们学习的地方。

说说 "鼎" 字：古代的锅

甲骨文　　　金文　　　小篆　　　楷书

　　甲骨文的 "鼎" 字，是圆形的，上面有两耳，下面有足。鼎大多是三足，也有方形四足的。鼎是古时候做饭的一种炊具，鼎下面烧火，鼎里面煮肉，所以后来引申出 "鼎沸" 的意思。鼎有三足，所以三方并立，叫 "鼎立"。

yǒng liǔ
咏柳

[唐] 贺知章

bì yù zhuāngchéng yí shù gāo
碧玉妆成一树高,

wàn tiáo chuí xià lù sī tāo
万条垂下绿丝绦。

bù zhī xì yè shuí cái chū
不知细叶谁裁出,

èr yuè chūn fēng sì jiǎn dāo
二月春风似剪刀。

贺知章的《咏柳》，每一句诗都像画一样美。我们看到了像玉一样碧绿柔润的柳。"碧玉妆成一树高"，柳是挺拔昂扬的；"万条垂下绿丝绦"，柳是飘逸柔美的。柳在经历了长长的冬天后，醒过来了，每一片嫩叶，都像它闪亮的眼睛。在诗人的笔下，无形的春风化成了有形的剪刀，"咔嚓咔嚓"剪出了细长的柳叶，剪去冬的寒冷，裁出春的温暖与欢欣。

　　"高""绦""刀"三个押韵的字，声音响亮。这三个字都是第一声，当声音拉长的时候，飞扬的柳就有了稳稳立在大地上的沉着。

　　缠绵忧伤的柳，在贺知章笔下，是强健高昂的，充满了自豪感与生命力。

　　那时正是唐朝开元盛世，小城市就有万家人口。农业丰收，储藏米谷的仓库都装得满满的。时代的鼎盛和富庶，给这首诗涂上了幸福的色彩。《咏柳》，是自信的诗人在盛世的歌唱。

说说 "高" 字：高台上的楼阁

| 甲骨文 | 金文 | 小篆 | 楷书 |

"高"字，想要表达的是一个抽象的概念，该怎么来造字呢？

远古的年代，一发水灾，人们就爬到山上的洞窟里去避难，或者像鸟一样，在高高的树上筑一个巢来藏身。后来，我们的祖先会把房屋盖在高高的坡上或者土台顶上，皇帝的宫殿也建在高台上。甲骨文的"高"字，是高台上建了楼阁，台下像"口"字的部分，表示的是门。台是高高的、平平的，在这个上面建亭子或者房屋，人们需要抬起头来才可以看到，这就表达出了"高"的意思。

说说 "叶"字：枝上的小点

| 金文 | 小篆 | 楷书 | 简化字 |

　　金文的"叶"字，是一棵大树上长出了三条新枝，枝上的小点表示树叶。小篆的"叶"字，增加了表示"叶"的"草字头"，笔画多得让人想起满树的叶子。

赋得古原草送别（节选）

[唐] 白居易

离离原上草，

一岁一枯荣。

野火烧不尽，

春风吹又生。

这首诗是白居易年轻时参加科考写下的一首诗。按当时的规矩，凡指定、限定的诗题，题目前须加"赋得"二字。

诗的第一句紧扣诗题"古原草"来写。"离离"，是青草茂盛的样子。"离离原上草"，是说古原上长满了茂盛的青草。

"一岁一枯荣"，原野上的野草秋天枯萎，春天生长。"枯荣"，先写枯萎再写生长，有蓬勃向上生长的感觉，比"荣枯"更好。"枯荣"也和第三、四句诗相呼应："野火烧不尽"呼应"枯"，"春风吹又生"呼应"荣"。

"野火烧不尽"，原野上的大火无法将枯草烧尽。茎和叶被烧尽了，烧不尽的是地底的根须。

"春风吹又生"，只要春风吹来，根须中蕴藏的生命力就被唤醒，野草从泥土中冒出来，重新在原野上顽强生长。"烧不尽"与"吹又生"里，是生生不息的力量。

这首诗，其实还有后四句。我们在课本中看到的前四句，写的是"古原草"，课本中没有的四句，才写"送别"。

"远芳侵古道，晴翠接荒城。又送王孙去，萋萋满别情。"长满春草的古道，伸向远方。阳光下，荒凉的城池边草色青青。"远芳"，让人闻到草的清香；"晴翠"，让人看到阳光照耀下的青翠草色。草香弥漫，草色蔓延，古道和荒原，因为青草而焕发出活力。再一次送别朋友远去，古原上的萋萋芳草仿佛都饱含着离别的愁情。最后两句写离别，与诗题中的"送别"相呼应。

这首诗是白居易年轻时写下的。传说诗人顾况看到白居易的名字时，曾经打趣说："长安城的米很贵，'白居'恐怕不'易'。"那时，白居易刚离开家乡，来到长安参加科举考试，并谒见了当时已经声名卓著的顾况，顾况读到这首诗之后，非常赞赏，说："有这样的文采，住哪儿都不难。"

后来，白居易考中进士。在中进士的十七个人里面，他是最年轻的。唐朝新中进士，会在慈恩寺的大雁塔内题名，白居易题下了"慈恩塔下题名处，十七人中最少年"的诗句。此时的白居易，生命就像"晴翠"的春草，充满蓬勃向上的生机。

说说"荣"字：草木开花

| 金文 | 小篆 | 楷书 | 简化字 |

　　"荣"字的本义是草木开花。金文的"荣"字，上面的小点，好像花朵在盛放。小篆的"荣"字，上面是两个"火"字，"荣"字就有了"光华、光照"等意思，这个意思用于人，有"荣誉、光荣"等意思。

说说"吹"字：张开大口吹气

甲骨文　　金文　　小篆　　楷书

　　甲骨文和金文的"吹"字，是一个人张开大口，正在使劲吹气。

晓出净慈寺送林子方
xiǎo chū jìng cí sì sòng lín zǐ fāng

［宋］杨万里

毕竟西湖六月中，
bì jìng xī hú liù yuè zhōng

风光不与四时同。
fēng guāng bù yǔ sì shí tóng

接天莲叶无穷碧，
jiē tiān lián yè wú qióng bì

映日荷花别样红。
yìng rì hé huā bié yàng hóng

杨万里在西湖附近的净慈寺送别林子方，经过西湖边的时候写下两首诗，这首诗是组诗中的第二首。

第一首流传不广。

"出得西湖月尚残，荷花荡里柳行间。红香世界清凉国，行了南山却北山。"天上还挂着一弯残月，此时正是清晨，杨万里和林子方穿过荷花满池的荷塘，走在柳枝轻拂的小路上。荷塘清香弥漫，红色的荷花愉悦着人的眼睛，也愉悦着人的心。在这个清凉的世界里，杨万里和林子方走过了南山，又绕到北山。

第二首人们更为熟悉。

六月的西湖，风光与其他时节不同。莲叶仿佛远远接到天边，荷花在阳光的映照下格外鲜艳。在暑热全消的清晨，走在美丽的西湖边，杨万里满心赞叹："毕竟西湖六月中，风光不与四时同。"

六月，也正是民间给荷花过生日的时候。农历六月二十四，荷花生日。人们到荷塘赏荷观莲，摇着小船采莲弄藕，躲到无边的莲叶中消暑。到了晚上，在采来的大荷叶里，或是在挖空的莲蓬中点上小蜡烛，让孩子提灯玩耍；又或者将荷灯沿河施放，看点点荷灯闪烁。在庆祝荷花的生日时，感受夏日的惬意，驱散暑热带来的烦恼。

说说"毕"字：一张网子

| 甲骨文 | 金文 | 小篆 | 楷书 | 简化字 |

"毕"字最开始的意思是田猎时所用的网子。甲骨文和金文的"毕"字，是一个有柄的网的样子。

说说"六"字：房屋的样子

甲骨文　　　金文　　　小篆　　　楷书

　　"六月"的"六"字，最开始的意思是房屋。甲骨文和金文的"六"字，都是房屋的侧面轮廓图。到了小篆，房檐卷起来了。后来，"六"字作为"房屋"的意思消失了，被假借为数字来使用。

25 草堂的早春

绝句 (jué jù)

［唐］杜甫

两个黄鹂鸣翠柳，
(liǎng gè huáng lí míng cuì liǔ)

一行白鹭上青天。
(yì háng bái lù shàng qīng tiān)

窗含西岭千秋雪，
(chuāng hán xī lǐng qiān qiū xuě)

门泊东吴万里船。
(mén bó dōng wú wàn lǐ chuán)

四句诗，组合出早春的景象。

"两个黄鹂鸣翠柳"，一大片翠柳的映衬下，两只黄鹂的颜色更加醒目。热闹的不仅是颜色，更是声音——黄鹂在柳枝间欢快地鸣叫。

"一行白鹭上青天"，一行白鹭向高空飞翔。白色带来的纯净，青色呈现的雅致，让人内心一片清明。

"窗含西岭千秋雪"，西岭雪山的景色好像镶嵌在窗户里。岭上积雪终年不化，所以说是"千秋雪"。"千秋雪"是一个转折，色调和温度骤然变冷，和一、二句诗的明艳、清新形成巨大对比。

"门泊东吴万里船"，往来东吴的船只就停泊在门边。多年的安史之乱，水路和陆路都因为战争而被阻隔。船能畅行万里，是因为战乱终于得到了平息。此时的诗人，暂时居住在成都的草堂。交通恢复，意味着有了返回故乡的可能。来自东吴的船只，让诗人对万里外的家乡更加思念。

从近处的黄鹂、翠柳到高处的白鹭、青天，从极远处的西岭回到门前停泊的船，画面一直在移动。末句的"万里"二字，又将空间扩散开去，让诗人的目光投向远方的故乡。

说说"西"字：鸟儿归巢

甲骨文　　　金文　　　小篆　　　楷书

　　甲骨文和金文的"西"字，下面是鸟窝的样子，上面好像是鸟儿。太阳从西边落下去，鸟儿归巢了。到了小篆，弯曲的线条表现出了鸟儿的样子。楷书的"西"字，下面的部分依稀可以看到鸟巢的样子。

悯农（其一）

[唐] 李绅

春种一粒粟，

秋收万颗子。

四海无闲田，

农夫犹饿死。

我们的祖先，很早就开始了在土地上的耕种。早在七千多年前，居住在浙江余姚河姆渡的村民，就已经开始挑选饱满的谷粒，尝试着在土地上播种。这是人类早期栽培稻子的记录。

　　水稻喜欢生长在温暖湿润的地方。一块好的田地，得是平坦的，还要有足够的水来灌溉，有优良的土质。如果要在山坡上开垦田地，就必须把树的残根、石块一一清除，并且将地面铲平。

　　接下来，还要把土地翻松。把坚硬的土地翻松，是件很费力气的事情。汗流浃背好多天，才可能让一块不大的土地变得松软。

　　然后，要想办法把水引入田里，再反复地翻搅，让泥土变得软软的，并慢慢捣成泥浆。平整的软泥，为插秧提供好了准备条件。

　　从一粒种子的播下，到青绿色的稻谷变成金黄色，收割的季节来临。稻谷收割后，要筛谷子，把谷粒和细碎的秆、叶分开来，再把谷粒平摊在晒谷场上晒干。晒谷子的时候，最怕碰到雨天，如果遇到雨天，就得马上把谷子收进来。晒谷子的时候，农夫也不能闲着，隔一段时间就要翻动谷粒，让每一粒谷子均匀地晒到阳光，直到松松脆脆为止。

这个长长的过程，是非常辛苦劳累的。

像诗中所说，春天种下的种子，到了秋天收获了很多的粮食。天下没有一块被荒废的田地，可是仍然有农夫饿死。

这种不公平的现象，让诗人愤怒地叩问，粮食获得了丰收，为什么农夫还会饿死？农夫辛辛苦苦收获的粮食被谁夺走了？喂饱了哪些人？ "农夫犹饿死"的背后，是富人对穷人的残酷压榨和剥削。

说说 "饿" 字：没有东西吃了

小篆　　　　楷书　　　　简化字

　　"饿" 字的右边是 "我" 字。"我" 现在的意思是指 "自己"，它最开始的意思却是一种兵器，这种锋利的兵器像锯齿一样。"饿" 的左边是 "食"，没有东西可吃，自然就会觉得很饿。

说说 "四" 字：鼻子在呼吸

| 甲骨文 | 金文 | 小篆 | 楷书 |

"四"是表示数目的字，但它金文的样子，表示鼻子正在出气。

舟夜书所见
zhōu yè shū suǒ jiàn

［清］查慎行

月黑见渔灯，
yuè hēi xiàn yú dēng

孤光一点萤。
gū guāng yì diǎn yíng

微微风簇浪，
wēi wēi fēng cù làng

散作满河星。
sàn zuò mǎn hé xīng

查慎行是浙江海宁人，五岁的时候就能写诗了。他在三十九岁的时候将自己的名字改为"慎行"，来提醒自己说话、做事要小心谨慎。

查慎行写过很多诗，是个多产的诗人。他的诗受苏轼、陆游影响很深，他尤其喜欢苏轼的诗，用一生的精力把《苏诗》五十卷进行了编订注释。查慎行漫游各地，对农民的困苦生活有直接体会，他的作品中有很多描写百姓艰难生活的诗。

《舟夜书所见》这首诗，是诗人在离开京城的途中，夜泊大运河时写下的。"舟"说明是在船上；"夜"说明了时间；"书所见"，是写下自己所看到的。

没有月亮的夜晚漆黑一片，只有渔船上的灯火在闪烁，这一点光就像萤火虫发出的光亮。微风吹来，河水起了小小的波浪。灯的光亮在水面散开，就像满河里都是星星。

这首诗以黑夜作为舞台，渔船上的灯火是主角。夜晚的黑暗，让这一点光亮越发显得微弱。一、二句诗，是安静的，也是清冷的。到"微微风簇浪"，风的出现，浪的起伏，让画面活动起来。"散作满河星"，把灯火映照在河面的细碎光亮，比作天空中闪亮的星星，让平常的景象，有了诗意的表达。三、四句诗的动态描写，让渔船上的一点灯火，有了不一样的美。

黑夜中的渔火，在古诗里常常给人寂寞的感觉，如"江枫渔火对愁眠"。在查慎行的笔下，萤火的孤光，因为波浪的涌动，有了开阔的气象。

说说 "所" 字：伐木之声

| 金文 | 小篆 | 楷书 |

《诗经》中说："伐木所所。""所"的本义被认为是伐木时发出的声音。但也有人认为"所"的左边是一扇门的样子，右边是一把斧头，意思是手执兵器守卫大门。需要严加守卫的地方，自然不是一般的地方。因此，"所"也常指王公的官署等处所。后来"所"就大多是"处所"的意思了。另外，"所"也常被作为虚词使用，"所见"的"所"被当作代词来使用，放在动词"见"的前面组成词组。

138